AF277148

Rafael Arozarena

Rafael Arozarena Doblado (Santa Cruz de Tenerife, 1923-2009).

En 1988 recibió el Premio Canarias de Literatura, ingresando en la Academia Canaria de la Lengua en el año 2000. Tres años más tarde recibió la Medalla de Honor de la Universidad Internacional Menéndez Pelayo y en 2004 ingresa en la Academia de Ciencias e Ingenierías de Lanzarote. En 2017 es elegido por el Gobierno de Canarias para celebrar el Día de las Letras Canarias.

Es, sin duda, una de las principales figuras de la literatura contemporánea. A Rafael Arozarena hay que acercarse con una mirada poliédrica. Tiene tantas facetas que siempre descubrimos algo nuevo en él y en su obra. Y desde luego nunca defrauda. Creador incansable y curioso, con una mente lúcida y una imaginación desbordante, ha cultivado numerosos géneros literarios.

Creador nato, creó y formó parte del grupo que se denomina *fetasianos* y está considerado como un humanista. En su obra así se constata.

A su obra poética pertenecen los títulos *Alto crecen los cardos, Aprisa cantan los gallos, El ómnibus pintado con cerezas, Silbato de tinta amarilla, Desfile otoñal de los obispos licenciosos, Fetasian Sky, Poliedros del mar* y sus novelas *Mararía, Cerveza de grano rojo, La garza y la violeta, Fantasmas y tulipanes, Los ciegos de la media luna, El señor de Faldas Verdes.* Escribió cuentos, artículos, ensayos y publicó en revistas y periódicos. Aparece en numerosas Antologías y fue uno de los creadores del actual Museo de la Naturaleza y Arqueología de Santa Cruz de Tenerife. Realizó varias exposiciones pictóricas y su obra ha sido traducida al alemán, italiano y al francés.

Memorias de una ausencia

Memorias de
una ausencia

Rafael Arozarena

Memorias de una ausencia
Rafael Arozarena

Directora de arte: Rosa Cigala

Primera edición en Ediciones Idea: 2023
© De la edición:
Ediciones Idea, 2023
© Del texto:
María José Pérez Andreu
© De la ilustración de la cubierta:
Botánico, de Rafael Arozarena, 2007. Técnica mixta sobre papel, 70x50 cm

Ediciones Idea
• San Clemente, 24 Edificio El Pilar
38002 Santa Cruz de Tenerife.
Tel.: *922 532150
Fax: 922 286062
• León y Castillo, 39 – 4º B
35003 Las Palmas de Gran Canaria.
Tel.: 928 373637 – 928 381827
Fax: 928 382196

• correo@edicionesidea.com
• www.edicionesidea.com

Fotomecánica e impresión: Gráficas Tenerife, S.A.
Impreso en España – Printed in Spain
ISBN: 978-84-19681-27-0
Depósito legal: TF 462-2023

Con motivo de la celebración, en este año 2023, del Centenario del nacimiento de Rafael Arozarena, Ediciones Idea ha querido rendirle un especial homenaje con la publicación de tres poemarios inéditos: *MARIA JOSE Poema [2003]*, *Memorias de una ausencia* y *Baladas de Anaga*.

Se ha respetado, en lo posible, el formato de los originales y su concepción. Arozarena realizó estos poemarios de una manera que podríamos llamar artesanal. En cuadernitos pequeños, con las páginas en blanco, iba recortando y pegando los versos del poema que, previamente, había escrito. Igual hizo con los cuadritos, a modo de ilustraciones. Los pintaba y los pegaba. A veces, la primera letra que inicia el poema es más grande y la ponía como una pequeña pegatina. Todo ello convierte a estas tres obras en pequeñas joyas literarias.

No podemos obviar el carácter amoroso de los poemarios, unido a una constante en su obra y en su vida, LA NATURALEZA, representada aquí por el mar y la cordillera de Anaga. Amor y naturaleza, que siguen demostrando que el universo poético de Arozarena es único e irrepetible.

Índice

Memorias de una ausencia

Rafael Arozarena

A María José
que ha sido la alegría de mi vida
mi porción de Dios

agosto 2003

EMPEZARÉ agradeciendo al mar
su verde hierba
la voz de sus violines
sus blancos pies en la arena
su abrazo total que aprieta
el vacío de la memoria
esta ausencia tú
el luminoso concierto que tiene
tus mismos cabellos
tus ojos diáfanos con el color
de la orilla
la espuma de tu cuerpo
María José.

ERES en el alba
la prima noticia del día
el mar me trae
en sus brazos azules
el feliz suceso que eres
el recortado espacio de la inmensidad
que te define en mis deseos
sirena varada en la orilla del tiempo
tu ausencia mi amor.

ESTÁS en el espacio
por donde cruzan las gaviotas
que escriben tu nombre
en el principio del día
la ausencia iluminada
grápame con tus pestañas
encarcélame en tus ojos
donde la luz eres tú misma
que no quiero liberarme
tu ausencia donde
instalo este poema
inquilino de ti
mi hogar
el mejor reposo

en las uvas de mar
tú mi caricia atlántica
dulcemente azul
la hamaca de tu ausencia.

NO HAY noche aunque no estás
pues un corazón apasionado
                ilumina más que el Sol
algo más que el fuego
en el que vivo para verte
          hoguera toda de mi sangre
          este bosque donde un día
prendiste la llama
          rojo y puro
          el valioso coral

que ahora
te ofrezco.

Te veo en el mar
en la majestuosidad de las montañas
entre las ramas de los
eucaliptos rojos
eres ausencia imposible
y habitas
allí donde pongo mis ojos.

En las tardecitas doradas
encuentro tu ausencia
en la ermita de "El Gran Poder"

tu ausencia tiene
el color castaño de tus cabellos
el brillo verde de tus ojos
la levedad de tu piel

estás aquí y en todas partes
porque eres para mí
la total circunstancia

En las tardecitas doradas
el pueblo se pregunta
a quién ora el poeta
en el interior vacío
de la iglesita amarilla.

ELLOS fueron privilegiados
porque amaron lo invisible
Uno creó el beso del sol
Otros el vuelo de las aves
el viento y todo aquello
inasible y profundo.
Yo te amo.
Tu ausencia me hace amar
a semejanza de los dioses.

DADOS echados
dos puntos arriba

la esperanza del acompañamiento
otra cara de la alegría
la fortuna de ser solo
con tu figura
atravesando mi piel

acompañando este fondo mío
donde tus piernas
avanzan lentas

atrasando el tiempo que huye
porque te alcance mi sueño.

Viento
gigante de cristal
sus brazos te consienten
           y eres invisible para todos
mas yo te veo
tus huellas en la arena
reconozco
cuando el mar te deposita
cuando la brisa se recoge
y ya en el horizonte
enrojeces en tu fuga
   y no te suelto de mis ojos
   y lucho con el viento
   gigante
   y desesperado agradezco
   al filo de la visita
   del aire
   los brazos que te contienen
   María José

NO EMPIEZA ni termina
la colección de sueños
paisajes de tardes y lunas
que presides
Mis ojos ávidos
del cielo que se abre
en tus labios
donde Leonardo dejó la sonrisa
bello río bondadoso
que encendido como el sol
cruza por mi memoria
te apresa en el espejo del mar
donde sueño.

El roce del sol
de picos de mirlos
flores de pascua y eucaliptos
encendido en el horizonte
ahora en mis manos

la gran puerta de la noche
da paso al sueño
este mío donde avivas
mi pasión

la rosa roja
del atardecer

ahora en mis manos tu ausencia
la extraordinaria ardentía.
El mundo se llena con tu ausencia
es fácil encontrarte
núcleo de todo

raíz de todo
término importante
como el blanco que es la suma
de todos los colores

Estás en el interior de todas las ventanas
detrás de todas las puertas
y en los fondos abisales del mar
allá dentro estás
te encuentro
en el misterioso interior de las
caracolas vacías
porque eres tu ausencia
y mis ojos no dejan de verte

en el rincón más oscuro
del pecho de Dios

donde la bondad.

ERA UN viejo ingenuo
era poeta y niño
un día quiso ser el dueño
del mundo.

Soñó con la felicidad
acariciaba el sueño
de una cueva y un candil

En el bolsillo portaba
su poemario de la ausencia
Así se dirigió a los ojos
de la mujer amada
iluso

Era un viejo ingenuo
un niño poeta
a quien Dios regalaba sueños
a cambio
de lágrimas

Están abiertas
las violetas
del mar
    llueve sol
hoy
es una mañana de oros
de fortunas y claridades
en los firmes horizontes
los espejos celestes
cristaliza tu silueta.
Te sé en la memoria y basta
con tanta luz y belleza

nunca estarás ausente
de mis orillas
   No puede el mar
borrar tu nombre en la arena.

HAN BAILADO como nunca
las hojas del árbol
presentaron las flores
su máximo esplendor
y el sol corrió por las calles
con su disfraz de leopardo
alegremente corría
entre niños y peces
Se había montado el día
en el escenario de lo imposible
y hasta tú eras presencia
con el traje azul del mar.

Baja la marea
la playa se descubre

y yo coloco mi poema
en el último barquito del sol
mi dádiva a la ola
por la gozosa resaca
de un día de amor.

PENETRÉ en el bosque
en la umbría de mis pasiones
un rayo de luz atravesó la sombra
y te hiciste presencia

¿Acaso no es tu cuerpo
aquel que Dios hizo
con la luna y el durazno?

CRISTALES de rubíes
tu beso en la orilla
para contener el mar

también
tus labios en el horizonte
rubíes de la tarde
se incrustan
en las oscuras
estancias de la ausencia

a mí llegas encendida
para calmar mis ojos

No podrá la noche
borrar esa estrella.

AHORA es el alba
de rosas y pequeñas violetas
el niño Edipo que llevo dentro
entre flores madruga
hace ramos de amaneceres
que deposita
en la orilla de tu sueño

Antes de que despiertes
el niño Edipo
deja en tu frente
el primer beso del sol

te dice
madre.

ESTE jardín interior
remanso de tu ausencia
donde paseamos nuestros sueños

perseguimos el beso fortuito
que ocultamos
en las alas de los pájaros
nos ahogamos con los peces rojos
de la fuente

repasamos las sendas floridas
reconociendo
todas las flores del mundo

las brisas fantásticas
    que nos envuelven

todas las flores tú

así entras en mi pecho
portando en tus ojos las ramas
de los naranjos del atardecer

en mí remansas tu ausencia
mientras dejas que te ame.

NO ESTÁS en la noche
porque la noche es olvido

porto mi red entre los seres humanos
ellos saben poner
el anzuelo en la riqueza

sueñan con la pesca milagrosa

Antes que la luz delta el deseo
Dios pone la luna en mi red
    para confundirme

El poeta fue de pesca
y trajo en el bolsillo
un sueño sin usar.

HOY amanezco volcán
juegos de fuego y oleajes
en el interior
reavivan las cenizas
Pronta está tu presencia
ardiente lava ilumina
la vida
y en explosiones de júbilo
mi corazón se desguaza

Estar en el jardín
de abiertas estrellas
recoger los peces de lunas

el sol girando en tus labios
el sabor caliente de los mangos

El paisaje es Igueste
jardín de la buena fe

oro en nuestras manos

    manos tuyas
    mías

manos de Dios
a quien robamos el fruto

de singulares días.

ALLÁ EN Arrieta
tu huella quedó en la playa
y a la noche la luna
    llenó tu cuerpo de cristales

    Ahora cada grano de arena
    en Arrieta
    orgulloso
    se cree un diamante.

"SOY mentiroso
porque soy poeta"
también la luna es mentirosa
y acaso Dios mienta

Si existe el amor
es mentira tu ausencia
en cualquier lugar del mundo.

ANUNCIADA tu presencia
quiebra el poeta su lente

eres la realidad que
supera al sueño

Queda en el paisaje
la mitad del poema

el poeta no alcanza
la alegría del hombre.

Rafael Arozarena
Títulos publicados

- María José Poema [2003]
- Memorias de una ausencia
- Baladas de Anaga